CONGO ET L'ÈRE DES BATTERIES

Pourquoi le monde ne peut plus ignorer le Congo

Author:

Mavwemba Alphonso Makanda

Copyright

Titre : Congo et l'Ère des Batteries

Sous-titre : Pourquoi le monde ne peut plus ignorer le Congo

Auteur : Mavwemba Alphonso Makanda

Publié indépendamment.

Les opinions exprimées dans cet ouvrage relèvent de l'analyse de l'auteur et ont pour objectif de contribuer à une réflexion sur les transformations industrielles, économiques et stratégiques contemporaines.

Imprimé aux États-Unis d'Amérique.

Dédicace

À la République Démocratique du Congo,

terre de ressources, de force, de patience et de promesses.

À tous ceux qui croient qu'un pays peut transformer ses richesses naturelles en avenir stratégique.

À ceux qui regardent le Congo non seulement pour ce qu'il possède, mais pour ce qu'il peut devenir.

Et aux générations africaines qui porteront les grandes transformations du XXIe siècle.

Préface

Le XXIe siècle transforme profondément les bases de l'économie mondiale.

Pendant longtemps, les grandes puissances industrielles ont structuré leur influence autour des ressources énergétiques dominantes de leur époque. Le charbon a accompagné la révolution industrielle. Le pétrole a marqué le XXe siècle et redéfini les rapports de force internationaux.

Aujourd'hui, une nouvelle phase s'impose progressivement : l'ère des batteries.

Les véhicules électriques, les systèmes de stockage d'énergie, les infrastructures numériques, les technologies industrielles et les nouvelles politiques énergétiques reposent de plus en plus sur des minerais stratégiques devenus essentiels.

Dans cette transformation, certains territoires acquièrent une importance nouvelle.

Parmi eux, la République Démocratique du Congo occupe une place singulière.

Par ses réserves minières, son potentiel énergétique, son bassin forestier, son eau, et sa position géographique, le Congo apparaît désormais dans de nombreuses analyses comme l'un des pays dont l'importance dépasse largement le cadre africain.

Ce livre propose une lecture structurée de cette réalité.

Il ne s'agit pas seulement d'examiner des ressources naturelles, mais de comprendre pourquoi ces ressources redéfinissent la place du Congo dans les équilibres économiques contemporains.

L'objectif n'est pas de surestimer, mais d'éclairer.

Car dans l'architecture industrielle qui se dessine, certaines nations deviennent progressivement impossibles à ignorer.

Avant-propos

Le Congo a souvent été décrit à travers ses richesses naturelles.

Mais rarement ces richesses ont été replacées dans la logique industrielle du monde contemporain.

Aujourd'hui, cette logique change.

La montée des batteries comme infrastructure industrielle mondiale modifie profondément la lecture économique de plusieurs territoires.

Le cobalt, le cuivre, le lithium, le nickel et d'autres minerais stratégiques occupent désormais une place centrale dans la transition énergétique et technologique.

Cette évolution donne au Congo une visibilité nouvelle.

Mais cette visibilité ne se limite pas aux minerais.

Elle touche aussi l'électricité, les infrastructures, l'environnement, la géographie régionale et les perspectives industrielles à long terme.

Ce livre propose une réflexion accessible, structurée et progressive sur cette nouvelle réalité.

Chaque chapitre avance dans une logique simple :

Comprendre pourquoi le Congo attire davantage d'attention,

et pourquoi cette attention pourrait encore croître dans les décennies à venir.

L'ère des batteries ne constitue pas seulement une transformation technologique.

Elle révèle aussi de nouvelles hiérarchies stratégiques.

Et dans ces nouvelles hiérarchies, le Congo apparaît de plus en plus comme un acteur majeur.

Table des matières

Introduction

Le XXIe siècle semble progressivement redéfinir les territoires considérés comme stratégiques dans l'économie mondiale.

Pendant longtemps, la puissance industrielle s'est organisée autour de certaines ressources dominantes, de certains centres de production et de certaines zones énergétiques clairement identifiées.

Aujourd'hui, cette architecture évolue.

Les transformations technologiques, énergétiques et industrielles déplacent progressivement l'attention vers de nouveaux facteurs de puissance.

Parmi eux, les batteries occupent une place centrale.

Les batteries ne concernent plus uniquement les téléphones, les ordinateurs ou les objets électroniques.

Elles deviennent une infrastructure fondamentale de l'économie contemporaine.

Les véhicules électriques en dépendent.

Les systèmes de stockage énergétique en dépendent.

Les nouvelles politiques énergétiques, les infrastructures industrielles modernes et plusieurs technologies émergentes reposent elles aussi sur des minerais nécessaires à leur fabrication.

Cette évolution modifie la valeur stratégique de plusieurs territoires.

Certains pays, autrefois observés principalement à travers leurs ressources naturelles générales, apparaissent désormais comme des éléments centraux de nouvelles chaînes industrielles mondiales.

La République Démocratique du Congo fait partie de ces pays.

Sa place nouvelle ne résulte pas d'un événement isolé.

Elle résulte de la convergence de plusieurs réalités.

Le cobalt attire une attention particulière.

Le cuivre renforce cette attention.

Mais à ces minerais s'ajoutent d'autres éléments majeurs :

le potentiel énergétique du fleuve Congo,

le bassin forestier,
l'abondance en eau,
et une position géographique centrale sur le continent africain.

Cette combinaison crée une profondeur stratégique rare.

Peu de territoires réunissent autant de dimensions dans une seule structure nationale.

Ce livre propose une lecture progressive de cette réalité.

Il ne cherche ni à exagérer ni à simplifier.

Il cherche à comprendre pourquoi le Congo occupe désormais une place croissante dans plusieurs grandes discussions mondiales :

- industrie,
- énergie,
- environnement,
- chaînes d'approvisionnement,
- avenir industriel africain.

L'ère des batteries ne constitue pas simplement une transformation technique.

Elle révèle une nouvelle manière de lire certains territoires.

Et dans cette nouvelle lecture, le Congo apparaît de plus en plus comme un espace stratégique majeur.

Comprendre cette évolution permet de mieux saisir pourquoi le pays attire aujourd'hui une attention nouvelle.

Mais aussi pourquoi cette attention pourrait encore s'intensifier dans les décennies à venir.

Chapitre 1 — Le monde est entré dans l'ère des batteries

Le monde connaît une transformation industrielle profonde.

Depuis plusieurs décennies, l'économie mondiale reposait principalement sur des systèmes énergétiques dominés par les carburants fossiles. Le pétrole structurait les transports, l'industrie lourde, les échanges internationaux et une grande partie des équilibres géopolitiques.

Cette logique demeure encore présente, mais une évolution progressive redéfinit désormais les priorités industrielles.

Les batteries occupent une place de plus en plus centrale.

Elles ne concernent plus uniquement les téléphones portables ou les appareils électroniques. Elles deviennent une infrastructure industrielle majeure.

Les véhicules électriques dépendent entièrement de batteries performantes.

Les systèmes de stockage d'énergie nécessaires aux énergies renouvelables reposent eux aussi sur des batteries capables de stabiliser l'électricité.

Les réseaux numériques, les équipements médicaux, les infrastructures industrielles et de nombreux systèmes modernes utilisent désormais des technologies de stockage énergétique.

La batterie devient ainsi un élément fondamental de l'économie contemporaine.

Cette évolution change la manière dont certaines ressources sont perçues.

Des minerais longtemps considérés comme secondaires deviennent stratégiques.

Le cobalt prend une importance nouvelle.

Le cuivre devient encore plus essentiel.

Le lithium, le nickel et d'autres minerais occupent également une place croissante.

Ce changement modifie les rapports de valeur entre nations.

Les pays qui possèdent ces ressources attirent davantage l'attention.

Les industries cherchent des chaînes d'approvisionnement stables.

Les gouvernements observent les territoires capables de soutenir la transition énergétique mondiale.

Cette nouvelle réalité ne se limite pas à une mode industrielle.

Elle correspond à une transformation de long terme.

Les politiques publiques orientées vers l'électrification, les investissements dans les véhicules électriques, l'augmentation des capacités de stockage énergétique et les stratégies industrielles liées au climat indiquent que cette évolution pourrait durer plusieurs décennies.

L'ère des batteries devient donc un nouveau cadre de lecture économique.

Dans ce cadre, certains pays apparaissent progressivement comme incontournables.

Parmi eux, la République Démocratique du Congo attire une attention croissante.

Cette attention ne provient pas uniquement de ses minerais.

Elle provient aussi du fait que plusieurs ressources stratégiques convergent sur un même territoire.

Le Congo possède une combinaison rare :

- minerais,
- eau,
- forêts,
- énergie potentielle,
- position géographique centrale.

Cette combinaison explique pourquoi de nombreux observateurs considèrent désormais le Congo comme l'un des territoires les plus importants du siècle qui commence.

L'ère des batteries ne crée pas cette importance.
Elle la rend simplement plus visible.

Chapitre 2 — Pourquoi le Congo est soudainement devenu central

Pendant longtemps, la République Démocratique du Congo a été évoquée principalement pour l'ampleur de ses ressources naturelles.

Le pays possède depuis des décennies une réputation de richesse minière exceptionnelle. Pourtant, cette richesse n'a pas toujours produit une visibilité internationale proportionnelle à son importance réelle.

Aujourd'hui, cette situation évolue.

Le changement ne provient pas d'une découverte nouvelle.

Il provient du fait que l'économie mondiale a changé de priorité.

Certaines matières premières qui semblaient autrefois secondaires occupent désormais une place centrale dans les chaînes industrielles modernes.

Le cobalt en est l'exemple le plus visible.

À mesure que les batteries deviennent essentielles aux véhicules électriques, aux systèmes de stockage d'énergie et à de nombreux équipements industriels, les territoires capables de fournir ces minerais attirent une attention croissante.

Le Congo apparaît alors comme un acteur majeur.

Mais la centralité actuelle du Congo ne s'explique pas uniquement par le cobalt.

Le cuivre renforce cette importance.

Les systèmes électriques modernes nécessitent de grandes quantités de cuivre pour la conductivité, les réseaux industriels, les moteurs électriques et les infrastructures énergétiques.

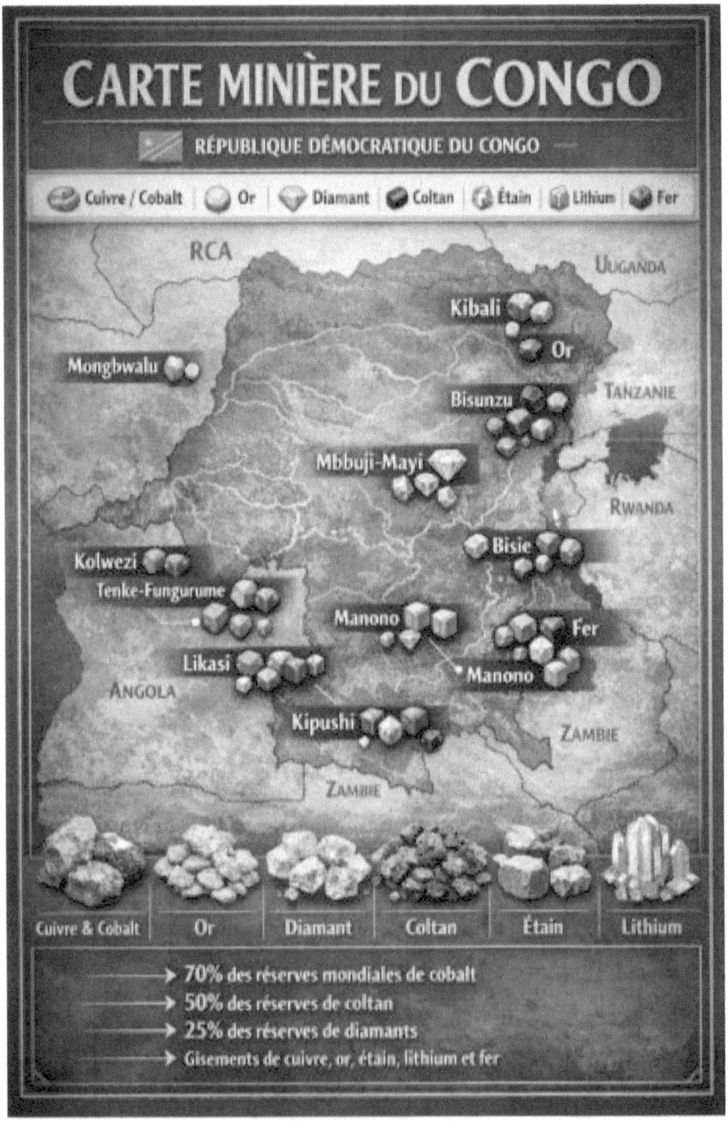
CARTE MINIÈRE DU CONGO
RÉPUBLIQUE DÉMOCRATIQUE DU CONGO
Cuivre / Cobalt
Or
Diamant
Coltan
Étain
Lithium
Fer
RCA
UGANDA
Kibali
Or
Mongbwalu
TANZANIE
Bisunzu
Mbbuji-Mayi
RWANDA
Bisie
Kolwezi
Tenke-Fungurume
Manono
Fer
Likasi
Manono
ANGOLA
Kipushi
ZAMBIE
ZAMBIE
Cuivre & Cobalt
Or
Diamant
Coltan
Étain
Lithium
70% des réserves mondiales de cobalt
50% des réserves de coltan
25% des réserves de diamants
Gisements de cuivre, or, étain, lithium et fer

Figure 2.1 — Les minerais stratégiques du Congo

Répartition stratégique des ressources minières congolaises

Cette double présence de cobalt et de cuivre crée déjà une base stratégique rare.

À cela s'ajoute un autre élément déterminant : la concentration.

Dans plusieurs secteurs industriels, la concentration géographique des ressources crée une dépendance stratégique.

Lorsqu'un pays possède une part significative d'un minerai essentiel, son rôle dépasse la simple production.

Il influence la sécurité industrielle mondiale.

C'est précisément ce qui se produit avec le Congo.

Les industriels ne regardent plus seulement les volumes.

Ils observent désormais la stabilité des approvisionnements, les corridors logistiques, la sécurité des chaînes de production et la capacité à maintenir des flux durables.

Le Congo entre donc progressivement dans une logique nouvelle :

celle d'un territoire observé non seulement pour ce qu'il possède, mais pour ce que son rôle implique dans l'économie mondiale.

Cette centralité se renforce encore lorsque l'on considère les autres dimensions du pays.

Le bassin du Congo représente l'un des plus grands ensembles forestiers du monde.

Le fleuve Congo offre un potentiel énergétique exceptionnel.

La taille du territoire crée des perspectives logistiques continentales.

La position géographique place le pays au cœur de plusieurs dynamiques régionales africaines.

Autrement dit, le Congo ne devient pas central pour une seule raison.

Il devient central parce que plusieurs facteurs stratégiques se superposent.

Cette superposition attire naturellement l'attention des grandes économies industrielles.

Lorsque plusieurs ressources critiques se rencontrent sur un même territoire, ce territoire acquiert une valeur nouvelle.

Le Congo entre progressivement dans cette catégorie.

Cette centralité reste encore en construction.

Mais elle est désormais visible.

Et plus la transition industrielle mondiale s'accélère, plus cette visibilité pourrait croître.

Chapitre 3 — Le cobalt : le minerai qui a changé l'importance du Congo

Parmi tous les minerais associés à l'ère des batteries, le cobalt occupe une place particulière.

Il n'est pas toujours le plus visible dans le débat public, mais il demeure l'un des éléments les plus stratégiques dans plusieurs types de batteries modernes.

Son importance provient principalement de sa fonction dans la stabilité chimique.

Le cobalt améliore la durabilité des batteries, renforce leur sécurité et contribue à maintenir une performance stable dans des systèmes soumis à de fortes exigences énergétiques.

Cette fonction explique pourquoi il est devenu un minerai particulièrement recherché.

Lorsque les véhicules électriques ont commencé à prendre une place croissante dans les stratégies industrielles mondiales, le cobalt a immédiatement gagné en visibilité.

Les fabricants de batteries ont compris que l'accès durable à ce minerai devenait essentiel.

Les gouvernements industriels ont également commencé à suivre de plus près les zones de production.

Dans ce contexte, la République Démocratique du Congo s'est imposée comme un territoire central.

Le pays possède une concentration exceptionnelle de cobalt à l'échelle mondiale.

Cette concentration ne signifie pas seulement abondance.

Elle signifie influence potentielle sur l'ensemble de la chaîne industrielle.

Lorsqu'un seul territoire détient une part importante d'un minerai indispensable, ce territoire devient naturellement stratégique.

Le cobalt a donc changé la manière dont le Congo est observé.

Autrefois perçu principalement à travers une richesse minière générale, le pays apparaît désormais dans des analyses beaucoup plus ciblées liées aux batteries, aux véhicules électriques et aux transitions énergétiques.

Cette évolution a transformé le cobalt en indicateur géopolitique.

Les industriels cherchent la sécurité des approvisionnements.

Les marchés surveillent les volumes.

Les gouvernements examinent les implications à long terme.

Le cobalt devient ainsi un point de rencontre entre industrie, économie et stratégie.

Cependant, l'importance du cobalt dépasse la seule question des exportations.

Le véritable enjeu réside dans la valeur industrielle.

Un minerai brut possède une valeur initiale.

Mais sa valeur augmente fortement lorsqu'il entre dans les étapes de raffinage, de transformation chimique et de fabrication industrielle.

Cela signifie que le cobalt ouvre plusieurs niveaux de réflexion :

production,

raffinage,

industrialisation,

positionnement économique.

Pour le Congo, cela crée une opportunité théorique majeure.

Le minerai ne représente pas seulement une richesse naturelle.

Il peut aussi devenir un levier industriel si les conditions de transformation progressent.

Le cobalt donne donc au Congo une visibilité mondiale, mais il pose également une question plus profonde :

comment transformer une centralité minérale en centralité économique durable ?

Cette question traverse toute l'architecture de l'ère des batteries.

Car posséder le minerai constitue une force.

Mais maîtriser davantage de valeur dans la chaîne industrielle constitue une force supérieure.

Le cobalt a ainsi changé l'importance du Congo parce qu'il relie directement le territoire congolais à l'une des grandes transformations industrielles du siècle.

Et tant que les batteries resteront au cœur de cette transformation, cette importance restera élevée.

Diagramme 1 – Le Congo dans la chaine mondiale des batteries

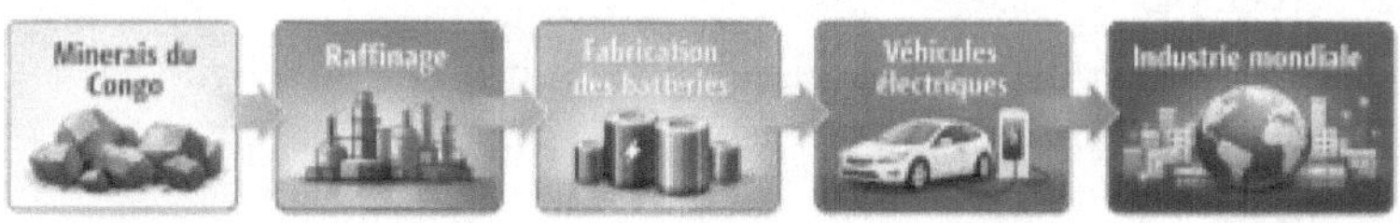

Le Congo occupe une place stratégique au début de la chaine industrielle mondiale des batteries.

Chapitre 4 — Cuivre, lithium, nickel et le nouvel ordre minéral

Si le cobalt attire une grande partie de l'attention dans l'ère des batteries, il ne fonctionne jamais seul.

Les batteries modernes reposent sur un ensemble de minerais dont les rôles se complètent à différents niveaux chimiques, techniques et industriels.

Cette réalité crée ce que l'on peut appeler un nouvel ordre minéral.

Dans cet ordre, plusieurs ressources deviennent simultanément stratégiques.

Le cuivre occupe une place essentielle.

Son rôle principal réside dans la conductivité électrique.

Chaque véhicule électrique utilise une quantité importante de cuivre dans les moteurs, les câbles, les circuits, les bornes de recharge et les systèmes énergétiques internes.

Les infrastructures électriques modernes nécessitent également du cuivre à grande échelle.

Cela signifie que le cuivre ne soutient pas seulement les batteries.

Il soutient l'ensemble de l'électrification contemporaine.

Pour le Congo, cet élément renforce considérablement la centralité déjà créée par le cobalt.

Le pays ne possède pas seulement un minerai stratégique.

Il combine plusieurs ressources directement liées à la même transformation industrielle.

Le lithium apparaît lui aussi comme un minerai central.

Dans de nombreuses batteries modernes, il constitue l'un des éléments fondamentaux de la chimie énergétique.

Il permet le stockage de l'énergie et la circulation des ions nécessaires au fonctionnement des batteries rechargeables.

Sa demande mondiale augmente fortement avec l'expansion des véhicules électriques et des systèmes de stockage stationnaire.

Le nickel joue également un rôle important.

Il améliore la densité énergétique, ce qui permet à certaines batteries de stocker davantage d'énergie dans un volume réduit.

Cette caractéristique devient particulièrement importante pour les véhicules à longue autonomie.

Le graphite complète souvent cet ensemble.

Il intervient dans les systèmes d'anodes de nombreuses batteries.

Ainsi, la batterie moderne ne dépend pas d'un seul minerai.

Elle dépend d'un équilibre chimique complexe.

Cette diversité minérale change la manière dont les économies industrielles organisent leurs priorités.

Il ne s'agit plus seulement de rechercher une ressource unique.

Il s'agit de sécuriser plusieurs minerais à la fois.

C'est précisément ce qui donne une valeur nouvelle aux territoires capables de fournir plusieurs éléments stratégiques.

Dans ce nouvel ordre minéral, certains pays possèdent un avantage structurel.

Le Congo en fait partie.

Sa capacité à combiner cobalt et cuivre lui donne une position rare.

Même lorsque d'autres minerais proviennent d'autres régions du monde, le Congo demeure intégré au cœur du système.

Cette réalité explique pourquoi les discussions sur les minerais ne relèvent plus uniquement de l'économie extractive.

Elles touchent désormais la sécurité industrielle.

Le nouvel ordre minéral transforme donc les ressources naturelles en facteurs d'influence internationale.

Et dans cette nouvelle architecture, le Congo apparaît de plus en plus comme un territoire clé.

Diagramme 2 – Chaine d'approvisionnement en batteries

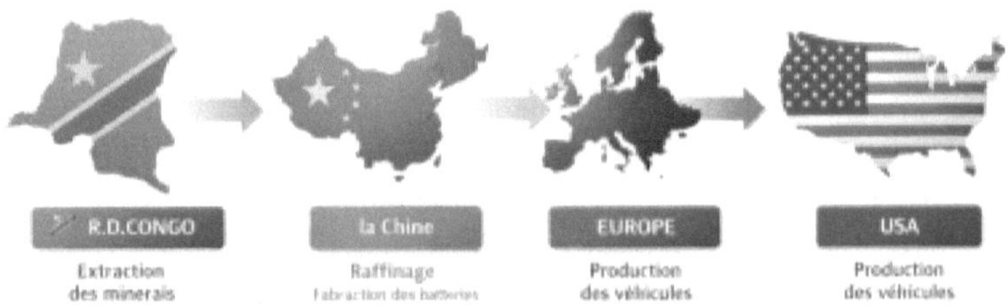

La Chine domine les étapes stratégiques de la chaine d'approvisionnement en batteries.

Chapitre 5 — Les véhicules électriques et l'avenir de l'industrie

Les véhicules électriques représentent l'une des transformations industrielles les plus visibles du XXIe siècle.

Pendant plus d'un siècle, l'automobile mondiale a été construite autour du moteur thermique, alimenté principalement par des carburants fossiles.

Aujourd'hui, une transition progressive redéfinit cette architecture.

Les grands constructeurs automobiles investissent massivement dans des modèles électriques.

Les politiques publiques encouragent cette évolution.

Les infrastructures de recharge se développent.

Les stratégies industrielles se réorganisent autour de nouvelles chaînes de production.

Cette transition ne concerne pas seulement l'automobile.

Elle transforme également la structure industrielle mondiale.

Un véhicule électrique repose sur une architecture différente d'un véhicule traditionnel.

La batterie devient son élément central.

Le moteur électrique, les circuits électroniques, les systèmes de gestion énergétique et les composants de puissance prennent une importance croissante.

Cela modifie immédiatement la hiérarchie des ressources nécessaires.

Le pétrole cesse d'être l'unique référence stratégique du transport.

Les minerais liés aux batteries gagnent en importance.

Cette évolution explique pourquoi certains territoires acquièrent une visibilité nouvelle.

Lorsque les constructeurs automobiles planifient leur avenir, ils ne regardent plus uniquement les usines.

Ils regardent aussi les chaînes d'approvisionnement minérales.

Ils évaluent la disponibilité du cobalt, du cuivre, du lithium, du nickel et des autres ressources nécessaires.

Cette logique relie directement les zones minières aux choix industriels mondiaux.

Le Congo entre alors naturellement dans cette équation.

Le cobalt congolais participe à la stabilité des batteries.

Le cuivre congolais soutient la conductivité des véhicules électriques.

Ainsi, chaque expansion du véhicule électrique renforce indirectement l'importance stratégique du Congo.

Mais l'impact va au-delà des voitures.

Les batteries utilisées dans les transports influencent aussi :

les bus électriques,

les camions,

les trains,

les systèmes logistiques,

les équipements industriels mobiles.

La transition électrique devient donc une mutation industrielle globale.

Elle touche les villes, les ports, les réseaux énergétiques et les politiques d'infrastructure.

Cette mutation crée une nouvelle lecture du futur industriel.

Les pays capables de fournir les ressources nécessaires ne sont plus observés comme de simples fournisseurs.

Ils deviennent des éléments structurants d'une industrie mondiale en mutation.

Pour le Congo, cela signifie que sa place ne dépend pas uniquement des volumes exportés.

Elle dépend aussi de la durée de cette transformation.

Or cette transformation s'inscrit dans le long terme.

Les investissements industriels dans les véhicules électriques se comptent déjà sur plusieurs décennies.

Cela suggère que l'importance des ressources congolaises pourrait rester élevée pendant longtemps.

Les véhicules électriques ne définissent donc pas seulement une nouvelle mobilité.

Ils participent à une nouvelle hiérarchie industrielle.

Et dans cette hiérarchie, le Congo occupe une place de plus en plus difficile à ignorer.

Chapitre 6 — Le bassin du Congo et sa valeur stratégique mondiale

Lorsqu'on évoque la place stratégique du Congo, les minerais attirent souvent l'attention immédiate.

Pourtant, une autre dimension donne au pays une importance mondiale croissante : le bassin du Congo.

Cet immense ensemble forestier représente l'un des plus grands systèmes écologiques de la planète.

Sa superficie, sa biodiversité, ses réserves d'eau et sa capacité de régulation environnementale lui donnent une importance qui dépasse largement le cadre régional.

Le bassin du Congo joue un rôle essentiel dans les équilibres climatiques mondiaux.

Les grandes forêts tropicales participent à la régulation du carbone atmosphérique.

Elles influencent les cycles de l'eau.

Elles stabilisent de nombreux équilibres biologiques.

Dans le contexte actuel où les questions climatiques occupent une place centrale dans les politiques internationales, cette réalité donne au Congo une nouvelle forme de visibilité.

Autrefois, la valeur stratégique était souvent pensée uniquement à travers les ressources minières ou énergétiques.

Aujourd'hui, les ressources environnementales deviennent elles aussi des facteurs d'attention internationale.

Le bassin du Congo illustre cette évolution.

Carte bassin du Congo
CAMEROUN
République Centrafricaine
Ouganda
Lac Victoria
Gabon
Océan Atlantique
Bassin du Congo
3,7 MILLIONS km²
2ème plus grande forêt tropicale du monde
75 MILLIONS d'habitants
Kinshasa
Brazzaville
Tanzanie
Angola
Zambie
Grandes Aires Protégées
Communautés locates
Biodiversité & Faune
10,000
Espèces de plantes
1,000
400
Tourbieres
30 MILLIARDS
de tonnes de carbone stockées
Ressources naturelles
Pétrole
Cuivre
Or
Cobalt

Figure 6.1 — Le Congo, puissance environnementale

Dimension écologique mondiale du bassin forestier

Sa présence transforme la manière dont le pays est perçu dans plusieurs débats mondiaux :

- climat,
- biodiversité,
- eau,
- développement durable,
- coopération internationale.

Cette importance écologique s'ajoute aux ressources minières déjà considérables.

Peu de pays possèdent simultanément :

des minerais stratégiques,

un potentiel énergétique majeur,

et un système forestier d'importance mondiale.

Cette combinaison renforce la singularité congolaise.

Le bassin du Congo possède également une valeur hydrologique exceptionnelle.

Les réseaux d'eau qui traversent cette région soutiennent des équilibres agricoles, énergétiques et environnementaux majeurs.

Le fleuve Congo lui-même fait partie des grands systèmes hydriques mondiaux.

Cette abondance d'eau constitue une ressource de long terme.

Dans de nombreuses régions du monde, l'eau devient progressivement un facteur stratégique.

Le Congo possède donc ici encore un avantage structurel important.

Le bassin du Congo influence aussi la diplomatie internationale.

À mesure que les négociations climatiques prennent de l'importance, les pays disposant de grands espaces forestiers occupent une place croissante dans les discussions globales.

Le Congo n'est donc pas seulement observé pour ce qu'il extrait.

Il est aussi observé pour ce qu'il conserve.

Cette double lecture devient de plus en plus importante.

Le pays apparaît ainsi dans deux grandes transitions du XXIe siècle :

la transition industrielle,

et la transition environnementale.

Les batteries expliquent une partie de sa centralité.

Le bassin du Congo en explique une autre.

Ensemble, ces dimensions donnent au pays une profondeur stratégique rare.

Le bassin du Congo ne constitue donc pas un simple arrière-plan naturel.

Il devient un élément central de la manière dont le Congo est désormais compris à l'échelle mondiale.

Chapitre 7 — Inga et l'avenir électrique de l'Afrique

Parmi toutes les ressources stratégiques du Congo, l'énergie occupe une place particulière.

Si les minerais attirent l'attention immédiate, le potentiel énergétique du pays pourrait, à long terme, produire des effets encore plus profonds.

Au centre de cette perspective se trouve Inga.

Situé sur le fleuve Congo, le site d'Inga représente depuis longtemps l'un des projets hydroélectriques les plus remarquables du continent africain.

CARTE ÉNERGÉTIQUE INGA
Complexe Hydroélectrique du Fleuve Congo | République Démocratique du Congo
Inga I
351 MW
Inga III
1 424 MW
Inga III (Projet Grand Inga)
Projet : 11 000 MW
Fleuve Congo
Kinshasa
Lignes de Haute Tension
Poste de THT Inga
Exportation d'Énergie
Capacité Actuelle : 1,775 MW
Potentiel Futur : 11 000+ MW
Électricité Produite : 8,5 TWh/an

Figure 7.1 — L'énergie comme clé industrielle

Potentiel hydroélectrique stratégique du fleuve Congo

Sa force potentielle ne réside pas seulement dans la production locale d'électricité.

Elle réside dans l'échelle possible de cette production.

Le fleuve Congo possède un débit exceptionnel.

Cette puissance hydraulique offre des capacités rares à l'échelle mondiale.

C'est pourquoi Inga apparaît régulièrement dans les grandes discussions sur l'avenir énergétique africain.

L'électricité change profondément la capacité industrielle d'un territoire.

Lorsqu'une énergie abondante devient disponible, plusieurs transformations deviennent possibles :

- raffinage des minerais,
- transformation industrielle,
- production manufacturière,
- stabilisation des infrastructures économiques.

Cela signifie qu'Inga n'est pas uniquement un projet énergétique.

Il représente aussi une question industrielle.

Pour le Congo, cette dimension est particulièrement importante.

Le pays possède déjà des minerais stratégiques.

Mais la présence d'une énergie potentiellement massive ajoute une seconde force structurelle.

Minerais et énergie réunis sur un même territoire constituent une combinaison rare.

Cette combinaison ouvre des perspectives qui dépassent l'exportation brute.

Car sans énergie suffisante, l'industrialisation reste difficile.

Avec une énergie puissante, la transformation devient plus envisageable.

C'est pourquoi Inga revient régulièrement dans les visions à long terme.

L'importance d'Inga dépasse également les frontières nationales.

Plusieurs analyses énergétiques africaines envisagent depuis longtemps le rôle que pourrait jouer une production électrique congolaise à plus grande échelle.

Le continent africain connaît encore de nombreux défis énergétiques.

Une source de production majeure pourrait donc influencer plusieurs régions.

Cette dimension régionale renforce encore la valeur stratégique d'Inga.

Peu de projets énergétiques africains possèdent une telle portée symbolique.

Inga représente à la fois :

- une promesse énergétique,
- une possibilité industrielle,
- et une perspective continentale.

Dans le cadre de l'ère des batteries, cette question devient encore plus importante.

Car les batteries elles-mêmes exigent des chaînes industrielles soutenues par une énergie stable.

Autrement dit, les minerais donnent une importance immédiate au Congo.

Mais l'énergie pourrait lui donner une profondeur industrielle plus durable.

C'est pourquoi Inga ne peut être séparé de la réflexion sur l'avenir stratégique du pays.

Dans la logique du XXIe siècle, les ressources minières attirent l'attention.

Mais l'électricité détermine souvent ce qu'un pays peut réellement construire à long terme.

Inga représente ainsi l'un des éléments les plus décisifs de cette équation.

Diagramme 3 – Compétition dans la chaine d'approvisionnement en batteries

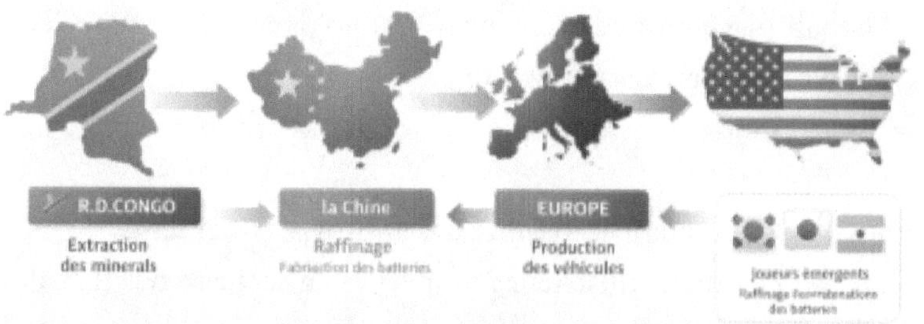

Europe, les États-Unis, la Corée du Sud, le Japon et l'Inde concurrencent la Chine dans la chaine d'approvisionnement en batteries.

Chapitre 8 — Pourquoi les grandes puissances observent le Congo

L'importance croissante du Congo dans l'économie mondiale explique naturellement pourquoi les grandes puissances lui accordent une attention de plus en plus soutenue.

Cette attention ne repose pas sur un seul facteur.

Elle résulte de la convergence de plusieurs dimensions stratégiques.

Les minerais constituent la première de ces dimensions.

À mesure que les batteries deviennent centrales dans l'industrie mondiale, les pays disposant de ressources critiques acquièrent une importance nouvelle.

Le cobalt place immédiatement le Congo dans cette catégorie.

Le cuivre renforce cette position.

Mais les grandes puissances ne regardent pas uniquement les volumes miniers.

Elles observent aussi la stabilité des approvisionnements.

Dans les chaînes industrielles modernes, la sécurité des flux devient essentielle.

Une industrie automobile, énergétique ou technologique ne peut dépendre de chaînes instables.

C'est pourquoi les zones minières prennent une dimension stratégique plus large.

Le Congo devient alors un territoire suivi avec attention dans les calculs industriels à long terme.

La deuxième dimension concerne l'énergie.

Le potentiel hydroélectrique du fleuve Congo, et particulièrement Inga, attire depuis longtemps l'intérêt de plusieurs analyses internationales.

Une grande capacité énergétique peut transformer profondément un territoire et influencer une région entière.

Les pays capables d'associer ressources minières et énergie disposent d'un potentiel stratégique supérieur.

La troisième dimension concerne l'environnement.

Le bassin du Congo possède une importance mondiale dans les débats climatiques.

À mesure que les questions écologiques gagnent en poids diplomatique, les pays forestiers majeurs deviennent eux aussi des acteurs suivis de près.

Le Congo apparaît donc dans plusieurs grandes transitions mondiales :

transition industrielle,

transition énergétique,

transition environnementale.

Cette superposition attire naturellement l'attention des grandes puissances.

Car peu de territoires combinent autant d'éléments dans une seule architecture nationale.

La géographie renforce encore cette lecture.

Situé au centre de l'Afrique, le Congo influence indirectement plusieurs dynamiques régionales.

Cette position centrale lui donne une portée qui dépasse ses frontières immédiates.

Dans les grandes stratégies internationales, la géographie reste toujours un facteur majeur.

Les grandes puissances observent donc le Congo non seulement pour ce qu'il possède aujourd'hui, mais pour ce qu'il pourrait représenter demain.

Cette observation ne signifie pas automatiquement transformation.

Mais elle signifie que le Congo entre progressivement dans les calculs stratégiques contemporains.

Le XXIe siècle accorde une importance particulière aux territoires capables d'influencer plusieurs chaînes critiques.

Le Congo fait désormais partie de ces territoires.

Son rôle reste encore en construction.

Mais son observation internationale devient de plus en plus visible.

Dans ce contexte, le pays ne peut plus être compris uniquement à travers son passé.

Il doit aussi être lu à travers les grandes dynamiques futures auxquelles il est désormais lié.

Chapitre 9 — L'opportunité industrielle du Congo : de l'exportation à la production

Posséder des ressources stratégiques constitue une force importante.

Mais dans l'économie moderne, cette force atteint son plein potentiel lorsqu'elle s'accompagne d'une capacité de transformation industrielle.

Cette distinction est essentielle.

Exporter un minerai brut donne une valeur initiale.

Transformer ce minerai à l'intérieur d'une chaîne industrielle produit une valeur bien plus élevée.

C'est cette logique qui définit aujourd'hui l'une des grandes opportunités du Congo.

Depuis longtemps, de nombreux pays riches en ressources naturelles ont principalement participé à l'économie mondiale à travers l'exportation de matières premières.

Cette logique crée une relation économique partielle : le territoire fournit la ressource, mais la plus grande partie de la valeur se construit ailleurs.

Or l'ère des batteries ouvre une réflexion nouvelle.

Les minerais stratégiques ne représentent pas seulement des produits d'exportation.

Ils peuvent devenir les premiers maillons d'une architecture industrielle plus large.

Le cobalt extrait peut être raffiné.

Le cuivre peut entrer dans des processus de transformation plus avancés.

Des matériaux intermédiaires peuvent être produits avant l'exportation finale.

Chaque étape supplémentaire augmente la valeur.

Dans cette perspective, la question industrielle devient centrale.

Le Congo possède plusieurs éléments favorables :

des ressources minières,

un potentiel énergétique considérable,

une position géographique continentale importante.

Lorsque ces éléments se rencontrent, la réflexion ne peut plus s'arrêter à l'extraction.

Elle doit inclure la transformation.

Le raffinage constitue souvent la première étape logique.

Il permet déjà d'augmenter fortement la valeur des minerais.

Ensuite viennent les processus chimiques, les composants intermédiaires et éventuellement certaines formes de production plus spécialisées.

Il ne s'agit pas ici de supposer une industrialisation immédiate.

Il s'agit de comprendre la logique économique générale.

Dans toutes les chaînes industrielles modernes, la valeur augmente à mesure que l'on progresse dans les étapes de transformation.

Cette logique vaut aussi pour l'ère des batteries.

Le Congo possède donc une opportunité particulière :

passer progressivement d'un rôle de fournisseur essentiel à un rôle plus structuré dans certaines étapes industrielles.

Cette évolution dépend naturellement de plusieurs conditions :

énergie,

infrastructures,

stabilité logistique,

vision à long terme.

Mais sur le plan théorique, la possibilité existe.

Et cette possibilité change déjà la manière dont le pays peut être pensé économiquement.

Car un territoire minier n'est pas condamné à rester uniquement extractif.

Il peut, dans certaines conditions, élargir sa place dans la chaîne de valeur.

Cette idée donne une profondeur nouvelle à la question congolaise.

Le débat ne concerne plus seulement ce que le Congo possède.

Il concerne aussi ce qu'il pourrait progressivement produire.

Dans l'ère des batteries, cette différence devient déterminante.

Car la puissance industrielle ne repose pas seulement sur la ressource.

Elle repose sur la capacité à transformer cette ressource en influence économique durable.

C'est précisément là que se situe l'une des grandes perspectives du Congo pour les décennies à venir.

Diagramme 4 – Renforcement de la chaine d'approvisionnement

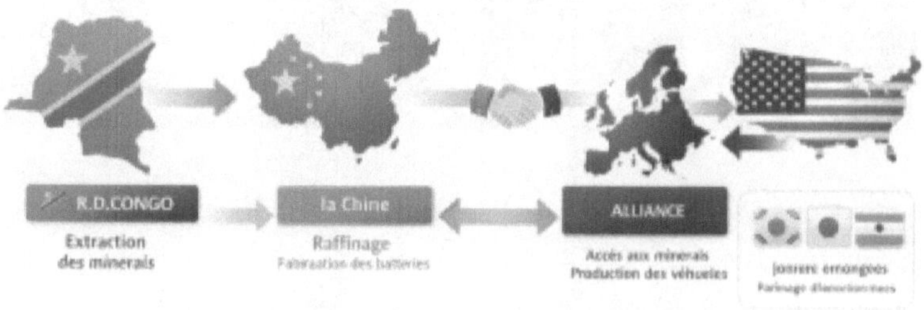

Europe, les États-Unis, la Corée du Sud, le Japon et l'Inde renforcent leurs liens avec la R.D. Congo pour sécuriser leur accès aux minerais et évites une dependance vis-à-vis la Chine.

Chapitre 10 — Pourquoi le XXIe siècle pourrait dépendre du Congo

Figure 10.1 — Le Congo au centre des rivalités géopolitiques

Position stratégique régionale du Congo

Certaines périodes de l'histoire donnent à certains territoires une importance nouvelle.

Cette importance n'apparaît pas toujours immédiatement.

Elle devient visible lorsque les priorités économiques, technologiques et géopolitiques changent.

Le XXIe siècle semble précisément ouvrir une telle phase pour le Congo.

Cette idée ne signifie pas que le monde dépend d'un seul pays.

Elle signifie qu'un ensemble croissant de systèmes modernes repose indirectement sur des ressources, des capacités ou des équilibres dont le Congo fait désormais partie.

L'ère des batteries en donne une première illustration.

Les véhicules électriques, les systèmes de stockage énergétique, les infrastructures industrielles modernes et plusieurs technologies dépendent de minerais stratégiques.

Le cobalt place le Congo au centre de cette dynamique.

Le cuivre renforce cette centralité.

Mais l'importance du Congo ne s'arrête pas aux minerais.

Le fleuve Congo représente l'un des plus grands potentiels hydroélectriques du monde.

Dans un siècle où l'électricité devient de plus en plus décisive, cette dimension énergétique prend une valeur particulière.

L'énergie ne soutient pas seulement la consommation.

Elle détermine aussi la capacité industrielle.

Un pays disposant simultanément de minerais critiques et d'un potentiel énergétique majeur possède une profondeur stratégique rare.

Le bassin du Congo ajoute une autre dimension.

À mesure que les questions climatiques occupent une place plus importante, les grandes zones forestières acquièrent une valeur diplomatique nouvelle.

Le Congo se retrouve ainsi lié à plusieurs grands enjeux mondiaux en même temps :

- industrie,
- énergie,
- climat,
- eau,
- ressources naturelles.

Peu de territoires combinent autant de dimensions.

Cette combinaison explique pourquoi l'attention internationale augmente progressivement.

Le XXIe siècle valorise les territoires capables d'influencer plusieurs systèmes critiques simultanément.

Le Congo entre dans cette catégorie.

Sa géographie renforce encore cette lecture.

Au centre de l'Afrique, le pays se situe au croisement de plusieurs dynamiques régionales.

Les corridors économiques futurs, les infrastructures énergétiques, les échanges industriels continentaux peuvent difficilement ignorer un territoire d'une telle ampleur.

Cela ne signifie pas que l'avenir est automatique.

Les ressources ne produisent pas à elles seules la transformation.

Mais elles créent une base de puissance potentielle.

La véritable question devient alors celle de l'usage stratégique de cette base.

Car dans l'histoire économique, les pays qui transforment durablement leur importance sont ceux qui relient ressources, énergie, vision et continuité.

Le Congo possède aujourd'hui plusieurs des éléments qui définissent cette possibilité.

C'est pourquoi sa place dans le siècle présent attire de plus en plus d'attention.

L'ère des batteries n'a pas créé l'importance du Congo.

Elle a simplement révélé, dans une nouvelle lumière industrielle, combien cette importance pouvait devenir décisive.

Si les grandes transformations industrielles actuelles se poursuivent, alors le Congo pourrait apparaître comme l'un des territoires les plus déterminants du siècle.

Non parce qu'il concentre une seule richesse.

Mais parce qu'il relie plusieurs forces stratégiques dans un même espace national.

Et c'est précisément cette convergence qui explique pourquoi le monde regarde désormais le Congo autrement.

Diagramme 5 – Renforcer la chaine de valeur en R.D. Congo

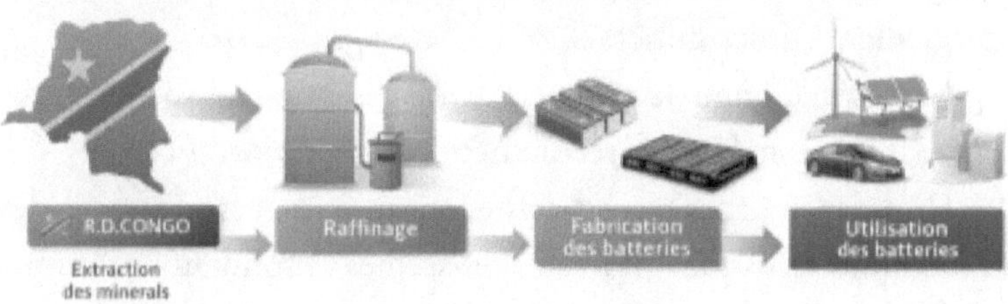

Améliorer la capacité de la R.D. Congo à extraire, raffiner et fabriquer des batteries permet de renforcer sa chaine de valeur et d'accélérer la transition énergétique.

Conclusion

L'ère des batteries révèle une transformation plus large que celle des seules technologies énergétiques.

Elle modifie progressivement la manière dont certains territoires sont lus à l'échelle mondiale.

La République Démocratique du Congo apparaît aujourd'hui au croisement de plusieurs dynamiques majeures :

- les minerais critiques,
- l'énergie,
- l'eau,
- l'environnement,
- et la géographie stratégique.

Cette convergence explique pourquoi le pays attire une attention croissante dans plusieurs analyses internationales.

Le cobalt, le cuivre et d'autres ressources essentielles donnent au Congo une visibilité nouvelle, mais cette visibilité ne repose pas uniquement sur les minerais.

Le fleuve Congo, le potentiel hydroélectrique, le bassin forestier et la centralité régionale renforcent encore cette importance.

Dans les grandes transitions économiques, certains pays deviennent stratégiques lorsque plusieurs systèmes mondiaux commencent à dépendre indirectement de leurs ressources ou de leur position.

Le Congo entre progressivement dans cette catégorie.

Ce livre ne cherche pas à annoncer un destin automatique.

Il propose une lecture : celle d'un territoire dont la place pourrait devenir plus importante à mesure que le siècle avance.

Comprendre cette évolution, c'est aussi comprendre pourquoi le Congo revient aujourd'hui au centre de nombreuses réflexions sur l'avenir industriel, énergétique et géopolitique.

Annexe A — 10 faits majeurs sur le Congo à l'ère des batteries

1. Le Congo possède l'une des plus fortes concentrations mondiales de cobalt.
2. Le cuivre congolais joue un rôle majeur dans l'électrification industrielle.
3. Le pays occupe une place centrale dans plusieurs chaînes liées aux batteries.
4. Le fleuve Congo offre un potentiel hydroélectrique exceptionnel.
5. Inga reste l'un des plus grands projets énergétiques possibles en Afrique.
6. Le bassin du Congo possède une importance environnementale mondiale.
7. Le territoire congolais relie plusieurs régions stratégiques africaines.
8. Les minerais congolais influencent l'industrie automobile moderne.
9. Le Congo combine ressources minières et énergie potentielle.
10. Sa centralité stratégique augmente avec la transition industrielle mondiale.

Annexe B — Tableau stratégique des minerais

Cobalt → stabilité des batteries
Cuivre → conductivité électrique
Lithium → stockage énergétique
Nickel → densité énergétique
Graphite → systèmes d'anodes

Diagramme 6 – Obstacles à relever en R.D. Congo

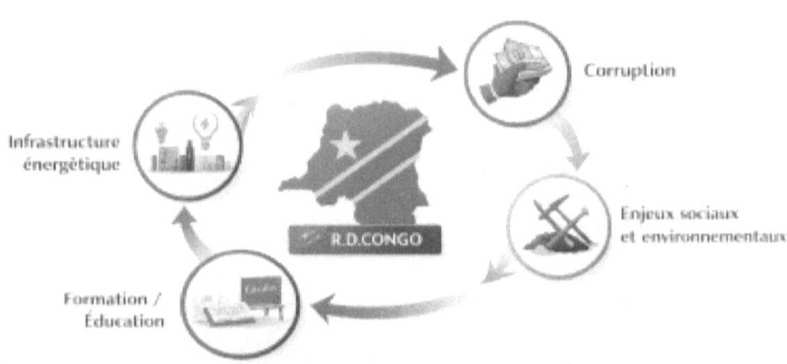

Des obstacles majeurs doivent être relevés en R.D. Congo pour renforcer sa chaîne de valeur, ce qui nécessite un effort coordonné de la part du gouvernement et des entreprises étrangères

Annexe C — L'économie mondiale des batteries en une page

L'économie mondiale des batteries est devenue l'un des grands moteurs industriels du XXIe siècle.

À mesure que les véhicules électriques, les systèmes de stockage énergétique et les nouvelles infrastructures électriques se développent, la batterie devient un élément central de plusieurs secteurs économiques.

Cette transformation ne touche pas uniquement l'automobile.

Elle concerne aussi les télécommunications, les équipements médicaux, les infrastructures industrielles, les réseaux numériques et de nombreuses technologies modernes.

La batterie n'est donc plus un simple produit technique.

Elle devient une infrastructure économique.

Cette évolution modifie immédiatement la valeur stratégique des minerais nécessaires à sa fabrication.

Le cobalt, le cuivre, le lithium, le nickel et le graphite prennent une importance nouvelle.

Les pays qui possèdent ces ressources apparaissent désormais dans les grandes réflexions industrielles internationales.

Le Congo occupe ici une place particulière grâce à la combinaison de plusieurs de ces ressources.

Annexe D — Pourquoi le cobalt reste indispensable dans l'économie mondiale

Le cobalt reste essentiel dans plusieurs technologies de batteries car il améliore la stabilité chimique, la sécurité thermique et la durabilité des systèmes énergétiques.

Même si certaines innovations cherchent à réduire son usage, il demeure un élément stratégique dans plusieurs segments industriels.

Cette réalité maintient l'importance du Congo à un niveau élevé.

Annexe E — Pourquoi le cuivre devient indispensable

Le cuivre soutient toute l'électrification moderne.

Sans cuivre, ni batteries, ni moteurs électriques, ni réseaux industriels ne peuvent fonctionner efficacement.

Chaque véhicule électrique nécessite davantage de cuivre qu'un véhicule thermique.

Annexe F — Le Congo dans la chaîne industrielle mondiale

Le Congo ne se situe pas seulement à l'origine d'une extraction minérale.

Il se trouve désormais au début de plusieurs chaînes industrielles mondiales.

Annexe G — Pourquoi les grandes économies sécurisent les minerais

Les grandes économies industrielles cherchent aujourd'hui à sécuriser durablement les minerais critiques nécessaires aux batteries.

Dans les nouvelles chaînes industrielles mondiales, la sécurité d'approvisionnement devient une priorité aussi importante que la production elle-même. Les grandes puissances économiques savent qu'une industrie moderne ne peut fonctionner durablement sans accès stable aux ressources qui soutiennent l'électrification, la mobilité nouvelle génération et les technologies de stockage énergétique. Cette réalité pousse plusieurs États à revoir leur stratégie industrielle à long terme.

La sécurisation des minerais ne concerne pas uniquement les besoins présents. Elle répond surtout à une logique de projection industrielle sur plusieurs décennies. Les véhicules électriques, les infrastructures énergétiques intelligentes, les centres de données, les systèmes numériques et plusieurs industries stratégiques dépendent désormais d'un approvisionnement régulier en cobalt, cuivre, lithium, nickel et graphite. Toute interruption dans cette chaîne peut ralentir des investissements majeurs ou fragiliser des secteurs entiers.

Cette situation explique pourquoi plusieurs pays développent aujourd'hui des partenariats miniers, des accords d'investissement, des corridors logistiques et des politiques industrielles centrées sur les minerais critiques. Dans ce contexte, les territoires capables de fournir durablement plusieurs ressources stratégiques acquièrent une importance nouvelle. Le Congo attire naturellement cette attention, car il relie abondance minérale, potentiel énergétique et profondeur géographique dans une même structure nationale.

À long terme, cette dynamique pourrait encore s'intensifier. Plus la transition énergétique mondiale progresse, plus les minerais deviennent comparables à ce que le pétrole représentait dans les équilibres économiques du siècle précédent. Cette évolution transforme progressivement certains pays miniers en espaces stratégiques majeurs de la nouvelle économie mondiale.

Annexe H — Le fleuve Congo comme force économique

Le fleuve Congo représente l'une des plus grandes puissances hydrauliques du monde.

Par son débit exceptionnel, sa longueur et sa capacité énergétique naturelle, il constitue bien plus qu'un simple axe fluvial. Il représente une infrastructure naturelle majeure capable d'influencer durablement l'avenir économique du Congo et de plusieurs régions africaines. Dans de nombreuses analyses énergétiques internationales, le fleuve Congo apparaît comme l'un des grands potentiels encore partiellement exploités du XXIe siècle.

Sa valeur économique dépasse la seule production d'électricité. Un fleuve de cette ampleur influence également le transport, l'organisation logistique, l'irrigation, certaines perspectives industrielles et la stabilité de plusieurs activités économiques régionales. Dans un territoire de grande dimension comme le Congo, une telle ressource crée des possibilités structurelles rares.

Lorsque cette force hydraulique est associée au potentiel d'Inga, le fleuve Congo change d'échelle stratégique. Il ne représente plus uniquement une ressource nationale, mais un facteur énergétique susceptible de soutenir des projets industriels à long terme. Dans un siècle où l'énergie devient un facteur décisif de compétitivité, cette dimension renforce fortement la valeur stratégique du pays.

À long terme, la maîtrise de cette ressource pourrait influencer non seulement l'économie congolaise, mais aussi certaines dynamiques énergétiques africaines. Peu de pays disposent simultanément d'une telle abondance minérale et d'un potentiel hydraulique de cette intensité.

Annexe I — Le bassin du Congo et le climat mondial

Le bassin du Congo joue un rôle majeur dans la régulation climatique mondiale.

Il constitue l'un des plus grands ensembles forestiers tropicaux de la planète, avec une capacité exceptionnelle de captation du carbone atmosphérique. Cette fonction écologique lui donne une importance qui dépasse largement les frontières africaines. Dans les discussions internationales sur le climat, le bassin du Congo apparaît désormais comme un élément central de l'équilibre environnemental mondial.

Sa contribution ne se limite pas à la forêt elle-même. Le bassin influence aussi les cycles de l'eau, la stabilité de nombreux écosystèmes, la biodiversité mondiale et plusieurs équilibres atmosphériques régionaux. À mesure que les politiques climatiques deviennent plus structurées, les pays possédant de grands espaces forestiers stratégiques occupent une place croissante dans les négociations internationales.

Pour le Congo, cette réalité crée une forme nouvelle de centralité diplomatique. Le pays n'est pas seulement observé pour ses minerais ou son énergie potentielle. Il est également observé pour son rôle dans la stabilité écologique de long terme.

Cette dimension renforce encore la singularité congolaise : peu de territoires réunissent simultanément une telle puissance minérale, énergétique et environnementale.

Annexe J — Pourquoi l'eau devient stratégique

L'eau devient progressivement une ressource stratégique mondiale.

Dans plusieurs régions du monde, la pression démographique, l'industrialisation croissante et les changements climatiques augmentent fortement la valeur des ressources hydriques disponibles. Ce phénomène transforme progressivement l'eau en facteur économique, agricole, énergétique et géopolitique majeur.

Le Congo possède ici un avantage structurel rare. Son immense réseau fluvial, ses réserves naturelles et la puissance hydrologique de son territoire créent une abondance exceptionnelle à l'échelle continentale. Cette abondance devient particulièrement importante dans un siècle où plusieurs économies devront repenser durablement leur rapport à l'eau.

L'eau soutient directement plusieurs secteurs essentiels :

- l'agriculture,
- l'énergie,
- l'industrie,
- les infrastructures urbaines,
- et les équilibres écologiques.

Cette réalité signifie que la valeur stratégique du Congo ne dépend pas uniquement des minerais. Elle repose aussi sur des ressources fondamentales dont l'importance mondiale pourrait encore augmenter dans les décennies à venir.

À long terme, les pays disposant d'eau abondante pourraient occuper une place plus forte dans plusieurs équilibres internationaux. Le Congo fait clairement partie de ces territoires.

Annexe K — Le Congo et la géographie industrielle africaine

La position centrale du Congo lui donne une importance logistique particulière.

Au cœur du continent africain, la République Démocratique du Congo occupe un espace géographique rare par sa taille, ses frontières multiples et sa connexion potentielle avec plusieurs grands axes régionaux. Cette centralité géographique influence directement les perspectives économiques futures du pays.

Un territoire situé au centre d'un continent possède souvent une valeur logistique supérieure lorsqu'il dispose de ressources naturelles importantes. Le Congo réunit précisément ces deux dimensions : une géographie centrale et une abondance stratégique de minerais, d'eau et d'énergie potentielle. Cette combinaison crée une base favorable à l'émergence de corridors économiques régionaux.

À mesure que l'Afrique développe davantage ses infrastructures routières, ferroviaires, énergétiques et commerciales, le Congo pourrait devenir un point de passage majeur entre plusieurs espaces économiques africains. Cette perspective renforce sa valeur bien au-delà de la seule extraction minière.

Dans les décennies à venir, la géographie pourrait donc devenir un facteur aussi important que les ressources elles-mêmes. Car dans l'économie moderne, la localisation influence fortement la circulation des matières premières, de l'énergie et des productions industrielles.

Annexe L — Raffinage : première valeur industrielle

Le raffinage constitue la première étape d'augmentation réelle de valeur.

Lorsqu'un minerai est extrait sous forme brute, sa valeur économique reste limitée comparée à celle qu'il peut atteindre après transformation. Le raffinage représente donc une étape fondamentale dans toute stratégie industrielle moderne fondée sur les ressources naturelles.

Dans le cas des minerais liés aux batteries, cette étape devient particulièrement importante. Le cobalt, le cuivre et d'autres minerais stratégiques acquièrent une valeur supérieure lorsqu'ils entrent dans des processus chimiques ou industriels intermédiaires avant exportation.

Pour le Congo, cette logique ouvre une perspective économique majeure. Le passage progressif de l'extraction brute vers certaines étapes de raffinage pourrait permettre une meilleure captation de valeur à l'intérieur du pays.

Cette évolution ne suppose pas une industrialisation immédiate complète. Mais elle représente souvent le premier niveau réaliste d'élargissement industriel dans les économies minières. C'est pourquoi le raffinage revient souvent dans les grandes discussions sur l'avenir économique du Congo.

À long terme, maîtriser davantage de transformation signifie aussi renforcer la position du pays dans la chaîne mondiale des batteries.

Annexe M — L'avenir des véhicules électriques

Les véhicules électriques continueront à transformer l'industrie mondiale.

Cette transformation ne relève plus d'une simple innovation technologique limitée à certains marchés. Elle s'inscrit désormais dans une reconfiguration profonde de l'industrie automobile mondiale, soutenue par des politiques publiques, des investissements massifs et une évolution rapide des infrastructures.

Les grands constructeurs automobiles réorganisent progressivement leurs lignes de production autour de modèles électriques. Cette évolution modifie immédiatement la demande mondiale en minerais critiques, car chaque véhicule électrique dépend fortement des batteries et des composants associés.

Cette dynamique signifie que les besoins en cobalt, cuivre, lithium et nickel resteront élevés pendant de nombreuses années. Même si les technologies évoluent, la logique générale de l'électrification maintient une forte pression sur les chaînes d'approvisionnement minérales.

Pour le Congo, cela renforce la durée potentielle de son importance stratégique. Tant que la mobilité électrique progresse à grande échelle, les ressources congolaises restent directement liées à une partie essentielle de l'industrie mondiale.

L'avenir des véhicules électriques ne concerne donc pas seulement les routes ou les automobiles. Il redéfinit aussi la valeur économique de certains territoires miniers dans les décennies à venir.

Annexe N — Les batteries et les infrastructures énergétiques

Les batteries stabilisent les systèmes électriques modernes.

À mesure que les réseaux énergétiques deviennent plus complexes, la capacité de stocker l'électricité prend une importance stratégique nouvelle. Les batteries ne servent plus uniquement à alimenter des appareils mobiles ou des véhicules. Elles deviennent un élément essentiel dans l'organisation même des infrastructures électriques modernes.

Les énergies renouvelables, par exemple, produisent souvent une électricité variable selon les conditions naturelles. Le soleil, le vent ou certaines fluctuations de production exigent des systèmes capables de conserver l'énergie et de la redistribuer avec stabilité. Les batteries remplissent précisément cette fonction.

Cette évolution transforme la batterie en infrastructure industrielle de base. Elle soutient les réseaux urbains, les systèmes industriels, les centres de données, les installations médicales et plusieurs secteurs stratégiques de l'économie contemporaine.

Dans cette logique, les minerais nécessaires aux batteries acquièrent une importance durable. Le Congo, en tant que territoire central pour plusieurs de ces minerais, se trouve indirectement lié à l'avenir des infrastructures énergétiques mondiales.

Annexe O — Le Congo et la future industrialisation africaine

Le potentiel industriel futur dépendra de la transformation locale.

Les ressources naturelles donnent une base importante, mais elles ne suffisent pas à elles seules à construire une puissance économique durable. L'histoire industrielle montre que la transformation locale constitue l'un des principaux facteurs de montée en valeur.

Pour le Congo, cette question devient particulièrement importante dans le contexte de l'ère des batteries. Le pays possède plusieurs minerais critiques, mais la question fondamentale reste celle du niveau de participation future dans les étapes industrielles.

La production future peut prendre plusieurs formes progressives :

raffinage,

matériaux intermédiaires,

précurseurs chimiques,

composants industriels.

Chaque étape supplémentaire modifie la position économique du pays dans la chaîne mondiale.

Cette perspective ne dépend pas uniquement des ressources. Elle suppose aussi :

énergie stable,

infrastructures adaptées,

vision industrielle cohérente,

et continuité stratégique.

Mais sur le plan structurel, le Congo possède déjà plusieurs éléments capables de soutenir cette réflexion à long terme.

Annexe P — L'importance stratégique de l'énergie

Sans énergie stable, aucune industrialisation durable n'est possible.

Dans toutes les grandes trajectoires industrielles observées à travers le monde, l'énergie apparaît toujours comme une condition fondamentale de transformation économique. Les ressources naturelles seules ne créent pas automatiquement une industrie. Elles doivent être accompagnées d'une capacité énergétique suffisante.

Le Congo possède ici un avantage théorique considérable grâce à son potentiel hydroélectrique. Le fleuve Congo, et particulièrement le site d'Inga, offrent des perspectives rares à l'échelle africaine.

L'énergie n'alimente pas seulement les usines. Elle soutient également :

les réseaux logistiques,

les systèmes urbains,

les infrastructures numériques,

les centres industriels,

et les capacités de transformation minérale.

Cette dimension explique pourquoi l'énergie reste au centre de toutes les réflexions sérieuses sur l'avenir économique du Congo.

À long terme, la disponibilité énergétique pourrait devenir l'un des facteurs décisifs permettant de relier ressources minières et industrialisation durable.

Annexe Q — Inga dans la vision africaine

Inga reste l'un des plus grands potentiels énergétiques africains.

Depuis plusieurs décennies, le site d'Inga apparaît régulièrement dans les grandes analyses énergétiques du continent africain. Sa puissance hydraulique exceptionnelle, liée au débit du fleuve Congo, lui donne une portée qui dépasse largement le cadre national.

Dans plusieurs visions économiques de long terme, Inga n'est pas seulement perçu comme un projet énergétique congolais. Il représente aussi une possibilité structurelle capable d'influencer plusieurs équilibres régionaux. Une capacité énergétique de grande ampleur peut modifier durablement les conditions de production industrielle, d'électrification urbaine et d'intégration économique.

Pour le Congo, cette dimension renforce fortement la valeur stratégique du territoire. Peu de pays africains disposent simultanément :

de minerais critiques,

d'eau abondante,

et d'un potentiel hydroélectrique de cette intensité.

Cette combinaison explique pourquoi Inga reste présent dans de nombreuses projections continentales. Dans l'avenir industriel africain, l'énergie pourrait devenir aussi décisive que les ressources minières elles-mêmes.

À long terme, la vision d'Inga dépasse donc l'électricité : elle touche directement la capacité du Congo à devenir un acteur industriel plus structuré dans les nouvelles économies du siècle.

Annexe R — Pourquoi le XXIe siècle regarde le Congo

Le Congo relie plusieurs enjeux critiques du siècle.

Dans les grandes transformations historiques, certains territoires prennent une importance nouvelle lorsque plusieurs dynamiques mondiales convergent sur un même espace. Le XXIe siècle semble progressivement créer cette situation pour la République Démocratique du Congo.

Les batteries donnent au pays une visibilité nouvelle grâce au cobalt et au cuivre. Mais cette visibilité ne représente qu'une partie de l'ensemble. Le fleuve Congo ajoute une dimension énergétique rare. Le bassin forestier apporte une portée climatique mondiale. L'eau renforce la profondeur stratégique. La géographie centrale complète cette architecture.

Cette accumulation de facteurs crée une singularité internationale peu commune. Peu de territoires concentrent autant de leviers potentiels dans un seul espace national.

Le monde regarde donc le Congo non seulement pour ce qu'il possède aujourd'hui, mais aussi pour ce qu'il pourrait représenter demain dans plusieurs équilibres :

industriels,

énergétiques,

environnementaux,

et géopolitiques.

L'ère des batteries n'a pas créé cette importance. Elle a simplement rendu visible une réalité que les grandes transformations industrielles révèlent désormais avec davantage de force.

À mesure que le siècle avance, cette attention pourrait encore s'intensifier. Car certains territoires deviennent stratégiques lorsque plusieurs systèmes mondiaux commencent à dépendre indirectement de leurs ressources, de leur énergie ou de leur position.

Le Congo entre progressivement dans cette catégorie.

Annexe S — Minéraux et souveraineté économique

La souveraineté économique ne se mesure pas uniquement à la quantité de ressources disponibles, mais aussi à la capacité d'un pays à organiser durablement leur valorisation dans une perspective nationale. Les minerais stratégiques prennent aujourd'hui une importance particulière parce qu'ils influencent directement plusieurs chaînes industrielles mondiales. Dans ce contexte, le contrôle économique des ressources devient un facteur central de stabilité et de projection future.

Pour la République Démocratique du Congo, cette question dépasse le simple cadre minier. Elle touche également la manière dont les ressources peuvent soutenir une vision plus large : infrastructures, énergie, formation, transformation industrielle et montée progressive en capacité économique. La ressource brute représente un point de départ ; la souveraineté économique suppose une stratégie qui relie extraction, valeur ajoutée et cohérence institutionnelle.

À l'échelle internationale, les grandes économies accordent une attention croissante à la sécurité d'approvisionnement des minerais critiques. Cette évolution confirme que certains territoires acquièrent une importance nouvelle dans les équilibres mondiaux. Le Congo, par sa position minérale exceptionnelle, se trouve naturellement associé à cette nouvelle centralité stratégique, ce qui renforce la nécessité d'une réflexion durable sur la place économique nationale dans le XXIe siècle.

Annexe T — Le rôle du graphite

Le graphite est l'un des composants essentiels des batteries modernes.

Alors que le cobalt et le lithium attirent souvent l'attention du grand public, le graphite reste indispensable dans la structure interne de nombreuses batteries rechargeables. Son utilisation dans les anodes lui donne une place centrale dans le fonctionnement énergétique des technologies actuelles.

Cette réalité montre que l'économie des batteries repose sur un ensemble complexe de matériaux complémentaires. Aucun minerai ne fonctionne isolément. Chaque composant participe à un équilibre industriel précis.

L'évolution future des marchés énergétiques continuera probablement à maintenir le graphite parmi les matières stratégiques importantes.

Annexe U — Lithium et nouvelles chimies

Le lithium demeure un élément central de la révolution énergétique.

Sa légèreté chimique, sa capacité de charge et sa stabilité en font une ressource fondamentale dans plusieurs générations de batteries.

Cependant, les nouvelles recherches industrielles explorent déjà des chimies alternatives capables d'améliorer :

la sécurité,

la densité,

la durabilité,

et le coût.

Cette dynamique montre que l'innovation ne supprime pas les ressources stratégiques : elle en redéfinit simplement l'usage.

Annexe V — Nickel et densité énergétique

Le nickel joue un rôle important dans les batteries à haute performance.

Il permet d'augmenter la densité énergétique, ce qui signifie qu'une batterie peut stocker davantage d'énergie dans un volume réduit.

Cette propriété devient particulièrement importante pour :

les véhicules électriques,

les systèmes industriels,

les batteries longue autonomie.

Le nickel reste donc associé aux segments les plus exigeants de l'économie énergétique moderne.

Annexe W — Afrique et nouvelle industrialization

L'Afrique entre progressivement dans une nouvelle phase industrielle.

Cette transformation repose sur plusieurs facteurs :

croissance démographique,

urbanisation,

ressources naturelles,

énergie,

infrastructures régionales.

Dans ce contexte, certains pays disposent d'avantages structurels majeurs.

Le Congo apparaît souvent comme l'un des territoires possédant les ressources capables de soutenir plusieurs dimensions de cette évolution.

Annexe X — Congo et corridors régionaux

Les corridors régionaux structurent l'avenir économique.

Routes,

chemins de fer,

ports,

interconnexions énergétiques :

tous ces éléments déterminent la capacité réelle de circulation des richesses.

Pour le Congo, la position géographique centrale offre un potentiel important dans l'organisation future des échanges régionaux.

Annexe Y — Les nouvelles cartes du pouvoir industriel

Le pouvoir industriel mondial évolue.

Les anciennes hiérarchies énergétiques se combinent désormais avec :

les minerais critiques,

les chaînes logistiques,

les technologies énergétiques.

Cette évolution produit de nouvelles cartes de puissance économique.

Le Congo apparaît dans plusieurs de ces cartes à cause de sa concentration exceptionnelle de ressources.

Annexe Z — Pourquoi les batteries dureront longtemps

Les batteries ne constituent pas une tendance passagère.

Elles s'inscrivent dans plusieurs besoins durables :

mobilité,

stockage,

stabilité énergétique,

infrastructures numériques.

Même si les technologies évoluent, le besoin de stockage énergétique restera structurel.

Annexe AA — Le Congo et la transition énergétique

La transition énergétique mondiale modifie profondément les équilibres.

Elle crée une nouvelle attention autour des pays capables de fournir certains minerais essentiels.

Le Congo entre naturellement dans cette dynamique par sa place dans plusieurs chaînes minérales stratégiques.

Annexe AB — Ressources et vision

Les ressources créent des possibilités, mais seule la vision construit la durée.

L'histoire économique montre que les nations qui transforment durablement leurs ressources sont celles qui organisent une direction cohérente.

Annexe AC — Le siècle industriel africain

Le XXIe siècle pourrait marquer une nouvelle étape pour l'Afrique industrielle.

Plusieurs facteurs convergent :

énergie,

marchés,

ressources,

démographie.

Cette combinaison redonne une centralité nouvelle à certains espaces africains.

Annexe AD — Congo et long terme

Le long terme devient essentiel.

Les ressources stratégiques prennent toute leur valeur lorsqu'elles sont pensées dans une logique de continuité.

Le Congo possède plusieurs éléments favorables à cette lecture.

Annexe AE — Phrase stratégique

Une ressource n'est pleinement stratégique que lorsqu'elle s'inscrit dans une vision stable.

Une phrase stratégique résume parfois une vision entière. Dans le contexte des ressources critiques, elle permet de rappeler qu'aucun minerai ne possède une portée durable sans orientation économique claire. Les ressources attirent naturellement l'attention internationale, mais leur véritable importance dépend de la capacité d'un pays à inscrire cette richesse dans une logique cohérente de long terme.

Dans le cas du Congo, cette réflexion prend une dimension particulière. La concentration exceptionnelle de minerais stratégiques place le pays dans une situation rare à l'échelle mondiale. Toutefois, la valeur réelle de cette position se mesure moins par la simple extraction que par la possibilité d'inscrire ces ressources dans une perspective plus large : énergie, infrastructures, transformation progressive et continuité économique.

À l'échelle internationale, les grandes transitions industrielles montrent toujours le même principe : les pays qui occupent durablement une place centrale sont ceux qui relient ressources, stabilité et vision. Dans cette perspective, la dimension stratégique du Congo ne se limite pas à ce qu'il contient dans son sous-sol ; elle se prolonge dans la manière dont cette richesse peut accompagner une lecture plus large du XXIe siècle.

Annexe AF — Vision finale

Le Congo n'est pas seulement observé pour ce qu'il possède, mais pour ce qu'il pourrait représenter dans les grands équilibres futurs.

La vision finale d'un pays ne dépend jamais uniquement de ses richesses naturelles. Elle repose sur la capacité à inscrire ces richesses dans une trajectoire lisible, progressive et durable. Dans les grandes transformations économiques observées à travers le monde, les nations qui occupent durablement une place centrale sont celles qui relient ressources, énergie, organisation et stabilité.

Dans le cas du Congo, cette perspective prend une résonance particulière. Le pays réunit plusieurs facteurs rarement associés dans un même espace : abondance minérale, potentiel énergétique, position géographique stratégique et rôle régional important. Cette combinaison donne au Congo une visibilité croissante dans plusieurs analyses internationales portant sur les équilibres futurs.

La vision finale ne signifie pas prédire automatiquement un destin économique. Elle consiste plutôt à reconnaître qu'un territoire peut devenir central lorsque plusieurs dynamiques mondiales convergent vers lui. Dans l'ère des batteries, de l'énergie et des infrastructures nouvelles, le Congo apparaît aujourd'hui comme l'un des espaces les plus observés du continent africain.

Annexe AG — Dernière réflexion

Le XXIe siècle énergétique redonne une visibilité nouvelle à certains territoires.

Parmi eux, le Congo occupe une place particulière.

Sa combinaison unique de minerais, d'énergie, de territoire et de position régionale explique pourquoi il revient aujourd'hui au centre de nombreuses réflexions stratégiques internationales.

Le XXIe siècle transforme profondément les critères de puissance économique. Les anciennes logiques fondées uniquement sur certaines industries classiques se complètent désormais par de nouveaux facteurs : énergie, stockage, sécurité minérale et capacité industrielle.

Dans cette nouvelle lecture, certains territoires prennent une importance croissante parce qu'ils se trouvent directement liés à plusieurs chaînes stratégiques mondiales. Le Congo appartient à cette catégorie particulière de pays dont la présence revient régulièrement dans les débats économiques, énergétiques et géopolitiques contemporains.

La dernière réflexion reste donc simple : le Congo n'est pas seulement un pays riche en ressources ; il devient progressivement un territoire que plusieurs dynamiques mondiales rendent impossible à ignorer.

Remerciements

L'auteur exprime sa reconnaissance à tous ceux qui continuent à croire qu'une nouvelle lecture du Congo est possible — une lecture fondée sur la connaissance, la stratégie, la vision et la responsabilité historique de long terme.

L'auteur remercie tous ceux qui continuent à croire que l'Afrique peut transformer ses ressources en puissance durable, et que le Congo peut occuper pleinement sa place dans les grands équilibres du XXIe siècle.

Biographie de l'auteur

Mavwemba Alphonso Makanda est auteur indépendant, analyste et entrepreneur, intéressé par les grandes transformations économiques, industrielles et stratégiques liées à l'Afrique contemporaine.

Ses travaux portent particulièrement sur la République Démocratique du Congo, ses ressources stratégiques, son potentiel énergétique, sa place géopolitique et les nouvelles dynamiques économiques du XXIe siècle.

À travers ses ouvrages, il propose une lecture structurée de sujets complexes afin de rendre accessibles les grandes mutations internationales qui concernent l'Afrique et le Congo.

www.ingramcontent.com/pod-product-compliance
Lightning Source LLC
LaVergne TN
LVHW090428210926
848480LV00002B/731
* 9 7 9 8 2 3 3 3 7 3 6 6 4 *